Bibliografische Information der Deutschen Nationalbibliothek:

Die Deutsche Bibliothek verzeichnet diese Publikation in der Deutschen National-
bibliografie; detaillierte bibliografische Daten sind im Internet über http://dnb.d-
nb.de/ abrufbar.

Impressum:

Copyright © 2012 GRIN Verlag, Open Publishing GmbH
Druck und Bindung: Books on Demand GmbH, Norderstedt Germany
ISBN: 978-3-656-90659-9

Dieses Buch bei GRIN:

http://www.grin.com/de/e-book/289237/der-markt-fuer-logistikdienstleistungen-
entwicklung-und-darstellung-verschiedener

Franziska Stallmann

Der Markt für Logistikdienstleistungen. Entwicklung und Darstellung verschiedener Provider

GRIN Verlag

GRIN - Your knowledge has value

Der GRIN Verlag publiziert seit 1998 wissenschaftliche Arbeiten von Studenten, Hochschullehrern und anderen Akademikern als eBook und gedrucktes Buch. Die Verlagswebsite www.grin.com ist die ideale Plattform zur Veröffentlichung von Hausarbeiten, Abschlussarbeiten, wissenschaftlichen Aufsätzen, Dissertationen und Fachbüchern.

Besuchen Sie uns im Internet:

http://www.grin.com/

http://www.facebook.com/grincom

http://www.twitter.com/grin_com

Der Markt für Logistikdienstleistungen. Entwicklung und Darstellung verschiedener Provider

Vorgelegt von:

Franziska Stallmann

Inhalt

1. Der Markt für Logistikdienstleistungen

Die vorliegende Arbeit beschäftigt sich mit dem Markt für Logistikdienstleistungen und gibt einen kurzen Einblick in die Entwicklung desselben. Außerdem soll ein Überblick über verschiedene Provider geboten werden.

Die Herausforderungen, mit denen sich die Logistik des elektronischen Handels konfrontiert sieht, sind aufgrund des großen Aufgabenumfangs von der Auftragsabwicklung bis zum Versand an den Endkunden und den damit einhergehenden Waren-, Informations- und Geldströmen erheblich. Entsprechend der zunehmenden Verschmelzung von E-Commerce und Logistik, vorangetrieben durch das Outsourcing einzelner Dienstleistungen bis hin zur Auslagerung der gesamten Prozesskette des B2C E-Commerce seitens des Onlinehändlers, werden auch die Logistikdienstleister zum Umdenken und zur Neupositionierung innerhalb dieser Branche angehalten.[1] Hierbei ist anzunehmen, dass der Trend zum Logistik-Outsourcing allgemein aber auch zum Outsourcing des gesamten E-Commerce Vertriebskanals und der entsprechenden logistischen Abwicklung im Speziellen in Zukunft weiter anhalten wird, begründet damit, dass sich E-Commerce Unternehmen selbst kaum noch den spezifischen Ansprüchen in diesem Bereich gewachsen sehen. Im gleichen Zuge bedeutet diese Entwicklung jedoch für den Markt der Logistikdienstleistungen, dass dieser das angebotene Leistungsspektrum entsprechend erweitern und die komplexen Prozesse umfassend abwickeln muss.

Die Anforderungen diesbezüglich gehen sowohl vom Endkunden als auch von den outsourcenden Unternehmen selbst aus. Die marginale Kundenloyalität im Onlinehandel aufgrund der geringen Wechselkosten, die mit einem Kauf im Internet verbunden sind, resultieren in einer steigenden Marktmacht der Nachfrager und führen dementsprechend auch dazu, dass die Forderungen nach einer schnellen und zuverlässigen Auftragsabwicklung in jedem Fall einzuhalten, wenn nicht sogar zu übertreffen sind. Aus Sicht des Onlinehändlers steht vor allem die Forderung im Raum, die durch das Ausschalten einer oder mehrerer Handelsstufen realisierten Kosteneinsparungen nicht durch überproportional hohe Logistikkosten des Bringkaufs zu gefährden.

Neben den spezifischen Anforderungen des Onlinehandels an die Logistik lassen sich aber auch ganz allgemeine Trends in der Branche der Logistikdienstleistungen ausmachen, die durch das B2C E-Commerce lediglich verstärkt werden. So gibt es mittlerweile in zahlreichen Branchen den Wandel hin zum Supply Chain Management, das das Ziel einer integrierten, prozessorientierten Planung und Steuerung der Waren-, Informations- und Geldflüsse entlang

---

[1] Vgl.: Vahrenkamp, R. [2005], S. 115

2

der gesamten Wertschöpfungskette verfolgt.[2] Das E-Commerce und die damit verbundenen Ansprüche im Hinblick auf eine schnelle und fehlerfreie Abwicklung der Waren-, Informations- und Geldflüsse über alle Netzwerkpartner und deren Schnittstellen hinweg macht das Supply Chain Management auch in dieser Branche zu einem entscheidenden Wettbewerbsfaktor. Die Entwicklung zu miteinander konkurrierenden Supply Chains wird wiederum begünstigt durch die rasante und tiefgreifende Weiterentwicklung der Informations- und Kommunikationstechnik, die eine überbetriebliche Koordination von Netzwerken überhaupt erst in dem vom Onlinehandel geforderten Maße ermöglicht und nach wie vor zu einer Beschleunigung der Geschäftsprozesse beiträgt. Eine leistungsfähige, ausgeklügelte Informationstechnik ist deshalb das Rückgrat der Logistikdienstleister und bedeutet einen wichtigen Wettbewerbsvorteil.[3]

Wie sich der Markt für Logistikdienstleistungen aufgrund dieser genannten Anforderungen und Trends in den letzten Jahren entwickelt hat, welche Segmente den gegenwärtigen Markt ausmachen und wie sich der B2C E-Commerce Fulfillment-Dienstleister innerhalb des Logistikdienstleistermarktes positionieren kann, wird im Folgenden analysiert.

1.1 Die Entwicklung des Marktes für Logistikdienstleistungen

Der heutige Markt für Logistikdienstleistungen findet seinen Ursprung in der Branche der Transporteure und Spediteure, deren Leistungsspektrum sich primär auf die operative Abwicklung der klassischen TUL-Logistik fokussiert. Transporteure – die sogenannten Einzeldienstleister – sind für die Abwicklung des physischen Warenstroms verantwortlich, verfügen über ein hohes technisches Spezialwissen und eigene Ressourcen in Form von Transportmitteln und sind fast ausschließlich in regionalen oder nationalen Gebieten mit einem kleinen, temporär wechselnden Kundenkreis tätig.[4] Der Spediteur als Verbunddienstleister ist der eigentliche Vorfahr des heutigen Logistikdienstleisters: Seine Stärken liegen in der Bündelung von Güterströmen und der Organisation intermodaler Verkehre[5] auf Basis eines eigenständigen oder durch Kooperation aufgebauten Netzwerks, innerhalb dessen die rein operative Durchführung der Transporte wiederum von den Transporteuren durchgeführt wird. Auf Grund des sich seit Jahren verschärfenden Preiswettbewerbs der Spediteure und der minimalen Gewinnmargen in diesem Markt ist die Auslastung der Kapazitäten bei der Bereitstellung logistischer Standarddienstleistungen oberstes Ziel.

---

[2] Vgl.: Kuhn, A./ Hellingrath, B. [2002], S. 10
[3] Vgl.: Heiserich, O.-E. et al. [2011], S. 307
[4] Vgl.: Gudehus, T. [2007], S. 1012
[5] Vgl.: Baumgarten, H. et al. [2004], S. 22

Reine Transportleistungen können den im Vorfeld dargelegten, heutigen Marktanforderungen jedoch nicht mehr gerecht werden. Zunehmend kleinere Sendungsgrößen hochwertiger Waren, veränderte Lagerhaltungsanforderungen und größere Versorgungsgebiete mit zunehmenden Frequenzen sind nur einige Beispiele dafür, dass die ursprünglichen Logistikdienstleister zu einer Modifikation und Differenzierung ihrer Kernleistungen gezwungen werden, insbesondere in der logistischen Abwicklung des B2C E-Commerce. Dennoch wird es auch in Zukunft nach wie vor einen Markt für Speditionsdienstleistungen geben, allerdings beschränkt sich dieser hauptsächlich auf stark spezialisierte Nischenanbieter mit exklusiven Verladerbeziehungen.[6]

Demgegenüber ist die Nachfrage nach Logistikdienstleistern im heute gemeinten Sinne durch die Ausrichtung auf die Organisation und Steuerung ganzer Logistiknetzwerke und das entsprechende Know How in den operativen, administrativen und dispositiven Aufgabenbereichen in den vergangenen Jahren überdurchschnittlich stark gestiegen und lässt auch für die Zukunft einen sehr positiven Entwicklungspfad vermuten. Ein nicht unerheblicher Anteil dieser Systemdienstleister entstammt der klassischen Transportindustrie, hat jedoch die Chancen und Herausforderungen der Zukunft rechtzeitig erkannt und durch eine Neupositionierung am Markt und den Ausbau des eigenen Leistungsspektrums eine nachhaltige Wettbewerbsstrategie realisiert. Im Gegensatz dazu stehen diejenigen Transporteure und Spediteure, die nicht rechtzeitig auf den Wandel in der Logistikbranche reagiert haben und durch die zunehmende Konsolidierung im Bereich der TUL-Dienstleistungen bereits vom Markt verschwunden sind oder aber auf lange Sicht den harten Wettbewerbsbedingungen unterliegen werden. Die Speditions- und Transportbranche kann auf Grund aktueller Entwicklungen in der Logistik daher in drei Segmente unterteilt werden:[7]

I.   Transporteure und Spediteure, die sich dazu entschlossen haben, ihr Angebot zu diversifizieren und in das Segment der Third Party Logistics Provider vorzudringen

II. Transporteure und Spediteure, die sich auf Nischenmärkte spezialisiert haben und entsprechendes Equipment sowie die Fokussierung auf einzelne Produktgruppen aufweisen

---

[6] Vgl.: Arnold, D. et al. [2004], S. 2-38
[7] Vgl.: Geunes, J. et al. [2005], S. 132

4

III. der Großteil verbleibender Transporteure und Spediteure, die die eigenen Kosten reduzieren müssen, um in einem zunehmend kompetitiven Markt überleben zu können[8]

Als Weiterentwicklung der originären TUL-Logistik gelten diejenigen Logistikdienstleistungen, die gegenwärtig von Third Party Logistics Providers am Markt erbracht werden und das Leistungsspektrum in erheblichem Maße um zusätzliche Dienstleistungsangebote erweitern. In dieser Hinsicht ist unter einem Logistikdienstleister im hier gemeinten Sinne ein gewerbliches Unternehmen zu verstehen, dass Tätigkeiten der wirtschaftlichen und effizienten Planung, Steuerung, Durchführung und Kontrolle aller Material-, Waren- und Informationsflüsse entlang der logistischen Kette in Form von Dienstleistungen erbringt, die zur Erfüllung der Kundenanforderungen notwendig sind. Dabei handelt es sich sowohl um originäre TUL-Dienstleistungen als auch um sogenannte Value Added Services (Mehrwertleistungen, VAS), die nach Frohn wie folgt definiert werden können:

„Logistische Mehrwertleistungen sind über Basisleistungen in den Bereichen Transport, Umschlag und Lagerhaltung hinausgehende, auf Mandanten oder Segmente zugeschnittene logistische Aufgaben, deren externe Erbringung durch spezialisierte Dienstleister eine Netto-Wertsteigerung im Vergleich zur internen Erbringung durch den Mandanten schafft. Durch eine zweckmäßige Zuordnung von Design-, Planungs-, Monitoring- und Fulfillmentaufgaben im Logistiknetzwerk können Material-, Informations-, Finanz- und Rechteflüsse verbessert werden."[9]

Diese zusätzlichen Leistungen werden in Anlehnung an Heiserich et al. folgendermaßen untergliedert:

---

[8] Letztere Tendenz ist im Hinblick auf die Belieferung des stationären Handels durch Spediteure besonders kritisch, weil Fulfillment-Anbieter mittlerweile auch großflächig das Konzept des Multi-Channel Managements anbieten und damit auch die TUL-Logistik des stationären Handels übernehmen, die zuvor den Spediteuren oblag.
[9] Frohn, J. [2006], S. 38

Operative Dienstleistungen	Konfektionieren, Kommissionieren, Verpacken, Etikettieren, Wiederaufbereitung retournierter Artikel, usw.
Administrative Dienstleistungen	Auftragsbearbeitung, Bestandsführung, Inventur, Retourenbearbeitung, usw.
Finanzdienstleistungen	Fakturierung, Inkasso, Mahnwesen, Buchhaltung, Finanzierungen, Risikomanagement, usw.
Beratungsleistungen	Logistik- und Transportberatung, Beratung zu Verpackung, Frachtkosten, Recycling und ähnlichem aber auch im Hinblick auf die Anbindung der IT-Systeme, das Marketing im Online Handel usw.
Konzeptionelle Dienstleistungen	Ausarbeitung individueller Problemlösungen

Tabelle 1: Value Added Services von Logistikdienstleistern, eigene Darstellung in Anlehnung an Heiserich, O.-E. et al. (2011)

Entsprechend der Vielzahl an Mehrwertleistungen im Markt für Logistikdienstleistungen und dem strategischen Ausbau der Geschäftsfelder kommen hier auch innovative Rollen und Segmente von Logistikdienstleistern in Netzwerken zum Tragen, die sich erst in den letzten Jahren zu relevanten und wachstumsstarken Teilbereichen des Logistikmarktes entwickelt haben, begünstigt vor allem durch die enormen Entwicklungen in der Informationstechnologie. Stellvertretend für einige Autoren verwendet Zadek zur Kategorisierung der Logistikdienstleister zwei Dimensionen:[10] Auf Basis der „Bedeutung von Mehrwertleistungen (gering vs. hoch)" und der „Erbringung operativer Dienstleistungen (Selbsterbringung vs. Fremdbezug)" wird die Logistikdienstleistungsbranche in die Bereiche der Einzeldienstleister (Standard- und Spezialdienstleister der TUL-Logistik), der Verbunddienstleister (Speditionen und KEP-Dienstleister) und der Systemdienstleister (Kontraktlogistik in Form von 3PL und 4PL) untergliedert, wobei die Bedeutung der Mehrwertleistungen vom Einzel- bis zum Systemdienstleister stetig zunimmt, während der Grad der Erbringung operativer Logistikdienstleistungen parallel dazu sinkt. Eine von der Strukturierung her vergleichbare, aber um die Dimension des Besitzes strategischer Assets

---

[10] Vgl.: Zadek, H. [2001], S. 29

erweiterte Segmentierung findet bei Baugarten und Thoms statt, bei denen eine Klassifizierung der Dienstleister auf Basis der drei Kriterien des Logistik-Leistungsspektrums, der Supply-Network-Integration und der Logistik Assets vorgenommen wird.[11] Die Bewertung des Leistungsspektrums orientiert sich dabei an der Differenzierung zwischen der klassischen TUL-Logistik und dem Angebot von Value Added Services, während eine Segmentierung nach dem Eigentum von Logistik-Assets vor allem darauf abzielt, zwischen Dienstleistern mit eigenen Fuhrparks, Lagergebäuden, IT-Netzwerken usw. und Dienstleistern, die auf die Anlangen anderer Subdienstleister zurückgreifen, zu differenzieren. Das Kriterium der Supply Chain Integration führt dazu, dass Logistikdienstleister, die ausschließlich in singulären Austauschbeziehungen agieren, von denjenigen Anbietern unterschieden werden können, die die Verantwortung für die Steuerung gesamter Supply Chains tragen. Abbildung 1 stellt diese Marktsegmentierung nach Baumgarten und Thoms grafisch dar, reduziert um die Segmente der Logistikberater und der SCM-IT-Dienstleister, da diese für die weitere Betrachtung nicht von Bedeutung sind.[12] Stattdessen wird der Bereich der Kontraktlogistik, also die Gruppe der Third und Fourth Party Logistics Provider, in Anlehnung an den aktuellen Stand von Literatur und Praxis, um die Lead Logistics Provider ergänzt. Bei dem Konzept des Lead Logistics Providers (LLP) handelt es sich um eine Zwischenstufe zwischen 3PL und 4PL, innerhalb derer das Logistikunternehmen als Generaldienstleister agiert und *„im Kundenauftrag alle anfallenden Tätigkeiten von der Dienstleisterauswahl über die Integration bis hin zur Steuerung der Supply Chain übernimmt."*[13]

Im Folgenden werden diese drei Teilbereiche der Kontraktlogistik, also die Third Party Logistics Provider (3PL), die Fourth Party Logistics Provider (4PL) und die Lead Logistics Provider (LLP) eingehender betrachtet. Kennzeichnend für die Kontraktlogistik ist die Langfristigkeit der Outsourcing-Beziehung zwischen Verlader und Dienstleister, die Ergänzung klassischer TUL-Logistikdienstleistungen um eine Vielzahl von Value Added Services und die hohe Kundenindividualität der kontraktlogistischen Dienstleistung, häufig einhergehend mit spezifischen Investitionen. Diese Kriterien treffen auch auf die Fulfillment-Dienstleister zu. In welche Richtung sich der Logistikdienstleistungsmarkt unter besonderer Berücksichtigung des B2C E-Commerce entwickeln wird und um welche konkrete Form des

---

[11] Vgl.: Baumgarten, H./ Thoms, J. [2002], S. 64
[12] *Logistikberater und SCM-IT-Dienstleister stellen zwar wichtige Kompetenzbereiche im Rahmen der Logistikdienstleistungen bereit, die auch in den kommenden Jahren an Bedeutung gewinnen werden, bilden jedoch nur einen Teilbereich dessen ab, was Fulfillment-Dienstleister, zu ihrem Leistungsspektrum zählen. Da sie selbst nicht die operative Realisierung der B2C E-Commerce Logistik vornehmen oder zumindest über Subdienstleister steuern, können diese im Folgenden vernachlässigt werden, unter der Prämisse, dass beide bei Bedarf wichtige Kompetenzen in den Aufbau einer Outsourcing-Beziehung zwischen E-Commerce Unternehmen und Fulfillment-Dienstleistern miteinbringen können.*
[13] Nollau, H.-G./ Neumeier, M. [2010], S. 98

Kontraktlogistikdienstleisters es sich bei Fulfillment-Dienstleistern tendenziell handelt, wird nachfolgend ebenfalls thematisiert.

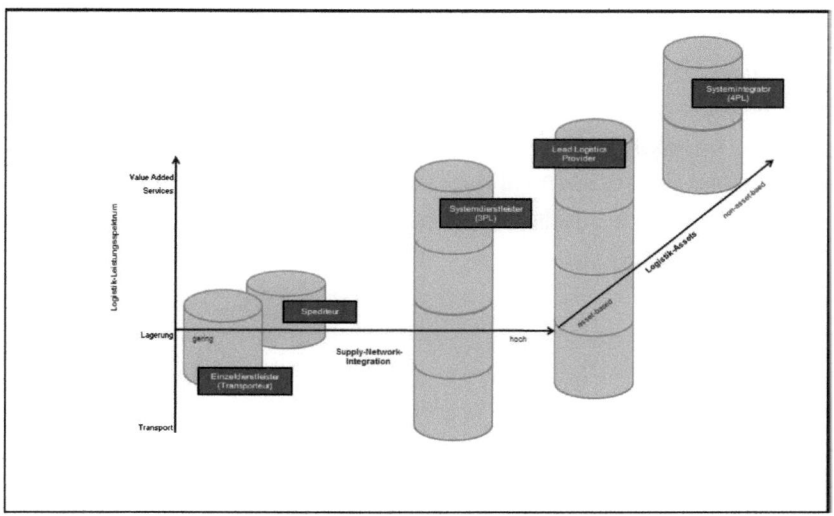

Abbildung 1: Segmente des Marktes für Logistikdienstleistungen, eigene Darstellung in Anlehnung an Baumgarten, H./ Thoms, J. (2002)

1.2 Third Party Logistics Provider (3PL)

Zum Ende der 1980er Jahre wurde erkannt, dass eine engere Verzahnung zwischen Logistikdienstleister und Verlader zur Realisierung weiterer Rationalisierungs- und Leistungsverbesserungsmaßnahmen unabdingbar ist, was dazu geführt hat, dass Third Party Logistics Provider (oder auch Systemdienstleister) seit den 90er Jahren ins Zentrum des Interesses bei der Fremdvergabe logistischer Dienstleistungen und dem Aufbau von Supply Chains gerückt sind.[14] Das Leistungsspektrum dieser Anbieter geht im Vergleich zu Transporteuren und Spediteuren weit über die traditionellen TUL-Aktivitäten hinaus. Diese Zusatzleistungen ermöglichen dem 3PL die Teilnahme an Wertschöpfungsketten, in denen er für seine Kunden neben der physischen Logistik auch die Konzeption und das laufende Management von Outsourcing-Projekten sowie die elektronische Umsetzung durchführt.[15] Auf Grund der Vielzahl an möglichen Zusatzdienstleistungen müssen diese nicht mehr ausschließlich über Preise konkurrieren, sondern haben die Möglichkeit, verschiedenste

---

[14] Vgl.: Sople; V. V. [2007], S. 144
[15] Vgl.: Jensen, B [2002], S. 42

8

Spezialisierungswege einzuschlagen und sich in diesem Bereich über die Qualität und/oder die Einzigartigkeit der Leistung zu definieren.

Die Bezeichnung "Third Party Logistics Provider" ist darauf zurückzuführen, dass dieser als dritte Partei zwischen Hersteller oder Handelsunternehmen und Endkunden in die logistischen Prozesse involviert ist. Eine einheitliche Definition und präzise Abgrenzung liegt für dieses Segment der Logistikdienstleister allerdings bis zum heutigen Zeitpunkt nicht vor. Eine mögliche Charakterisierung von Third Party Logistics entstammt dem Projekt Protrans der Technischen Universität Berlin und liegt einer Vielzahl von literarischen Auseinandersetzungen mit dieser Thematik zugrunde. Danach beziehen sich Third Party Logistics auf „*activities carried out by an external company on behalf of a shipper and consisting of at least the provision of management of multiple logistics services. These activities are offered in an integrated way, not on a stand-alone basis. The cooperation between the shipper and the external company is an intended continuous relationship.*"[16]
Diese Definition bestätigt, dass das Portfolio von 3PLs neben der Abwicklung operativer Logistik-Leistungen auch das Management dieser Prozesse und darüber hinausgehende VAS beinhaltet, die dem Kunden als integrierte Logistiksysteme bereitgestellt werden. Ein anderer wesentlicher Bestanteil der Definition, der auch für die Kontraktlogistik im Allgemeinen kennzeichnend ist, ist die Langfristigkeit der Beziehung zwischen Verlader und Dienstleister. Während dieses Charakteristikum allerdings nicht nur für 3PLs, sondern auch für 4PLs zutrifft, besteht der zentrale Unterschied zwischen beiden Ansätzen (wie auch der Abbildung 1 zu entnehmen ist) vor allem in dem Besitz eigener Logistik-Assets, also beispielsweise einem Fuhrpark, Immobilien und Lager- und Kommissioniertechnik, über die 3PLs im Gegensatz zu 4PLs verfügen. Hieran zeigt sich, dass der Schwerpunkt der Systemdienstleister trotz Ausweitung des Leistungsportfolios im Vergleich zu Einzeldienstleistern und Spediteuren nach wie vor auf der physischen Logistik liegt, die Optimierung des gesamten Netzwerks in Form von Komplettlösungen und der Aufbau vollständiger IT-Landschaften gehören hingegen nicht zu ihren Aufgaben.[17]

[16] PROTRANS [2002], S. 2
[17] Vgl.: Schiek, A. [2008], S. 433

1.3 Fourth Party Logistics Provider (4PL)

Analog zu der Tatsache, dass sich die Nutzung strategischer Partnerschaften und das damit einhergehende Outsourcing logistischer Funktionen an spezialisierte Dienstleister zu einer akzeptierten und oft sogar erfolgsentscheidenden Praktik in zahlreichen Branchen entwickelt hat, erhöht sich auch der Koordinationsbedarf neu entstandener Schnittstellen. Zur Optimierung dieser Schnittstellen im Waren-, Werte- und Informationsfluss und zur Gewährleistung der Effizienz von Strukturen und Prozessen des gesamten Supply Chain Netzwerks findet das Konzept des Fourth Party Logistics Providers in der Literatur zunehmend Verbreitung. Dieser positioniert sich als Systemkopf zwischen dem Mandanten und den ausführenden Dienstleistern (bspw. 3PL, IT-Provider) und übernimmt die übergreifende Logistikplanung und –beratung für ganze Unternehmensnetzwerke.[18] Üblicherweise erfolgt die Zusammenarbeit dazu auf Basis von Joint Ventures, bei denen Wissen und Kapital zusammengeführt werden.

Die Notwendigkeit dafür, dass ein konkurrenzfähiges Supply Chain Netzwerk einer flexiblen vertikalen Integration und übergreifenden Steuerung sämtlicher logistischer Prozesse und Strukturen bedarf, hat die Unternehmensberatung Andersen Consulting (heute Accenture) Mitte der 90er Jahre erkannt und folgende Definition dieses Konzeptes vorgelegt: *„A 4pl is a supply chain manager which can combine its own resources, capacities and technologies with those of other service providers to offer companies complete solutions.*[19] Über eigene Logistikanlagen zur Abwicklung des operativen Geschäfts verfügt der 4PL Dienstleister im Vergleich zum 3PL Anbieter hingegen nicht, weshalb er in der Konsequenz auf die Leistungen anderer logistischer Unternehmungen zurückgreift und diese zu einem optimalen Leistungspaket bündelt. Der klare Vorteile dieser Non-Assed-Based Dienstleister besteht in der Gewährleistung von Neutralität bei der Auswahl geeigneter Dienstleister, die von Systemdienstleistern aufgrund der Notwendigkeit, eigene Kapazitäten auslasten zu müssen, nicht sichergestellt werden kann. Charakteristisch für Fourth Party Logistics Provider sind darüber hinaus die ausgeprägten Fähigkeiten im Beziehungsmanagement, in der Beratung bei Fragestellungen rund um Logistik, IT und Organisation, in der Abwicklung administrativer Mehrwertleistungen und in der zielorientierten Auswahl, Implementierung und Koordination von Drittleistungen.

Im Einzelnen vereint der 4PL die folgenden Aufgaben in seinem Dienstleistungsangebot:[20]

---

[18] Vgl.: Baumknight, D./Miller, J. [1999], in Straube, F. [2004], S. 209
[19] Andersen Consulting, zitiert nach Emmett, S. [2005], S. 213
[20] Vgl.: Baumgarten, H. et al. [2004], S. 35f

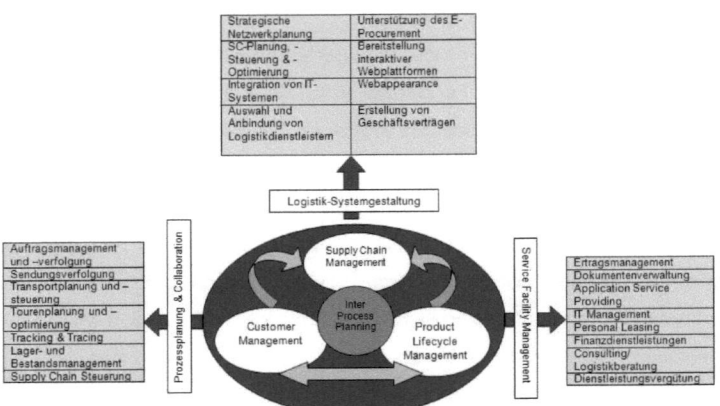

Abbildung 2: Aufgaben von 4PL-Dienstleistern, eigene Darstellung in Anlehnung an Busch, A./ Dangelmaier, W. (2004), S.106

Auch zum jetzigen Zeitpunkt besteht in der Literatur allerdings noch weitestgehend Einigkeit darüber, dass das Konzept des Netzwerkintegrators in der oben skizzierten, idealtypischen Form bislang nicht umgesetzt wird. Zwar zeigt die Praxis, dass Logistikdienstleister immer mehr Zusatzdienstleistungen jenseits klassischer, operativer Transportdienstleistungen abwickeln und immer größere Teilbereiche der Prozesskette eigenverantwortlich organisieren und steuern, doch sind diese nach wie vor im Besitz eigener Logistik-Assets. Dieser aktuelle Stand der Entwicklung ist vor allem damit zu begründen, dass Industrie und Handel dem 4PL Konzept eher kritisch gegenüberstehen und den operativen Fähigkeiten leistungsfähiger 3PLs in Kombination mit den zusätzlichen Kompetenzen im administrativen Bereich den Vorzug geben.[21]

1.4 Lead Logistics Provider (LLP)

Auf Grund der Tatsache, dass eine Vielzahl von Logistikdienstleistern am Markt gegenwärtig zwar in Form von Third Party Logistics Providern auftritt, aber eine zunehmende Integration in die Supply Chain anstrebt, wurde die Kontraktlogistik in der Literatur vielfach um das Konzept des Lead Logistics Providers ergänzt, das als Zwischenstufe zwischen 3PL und 4PL gilt.

---

[21] Vgl.: Diedrichs, A. [2007] S. XXIII

Lead Logistics Provider (LLP) sind Logistikdienstleister, die als alleiniger Vertragspartner ihrer Mandanten agieren und diesen dabei die Herstellung und Koordination einer einheitlichen Schnittstelle zu einer Gruppe von ausführenden Logistikoperateuren anbieten.[22] Dennoch verfügen sie auch über eigene Assets in der operativen Logistik, diese werden aber mit den Kapazitäten anderer Anbieter zu einem „*Best-of-Breed-Ansatz*"[23] kombiniert. Auf dieser Basis bietet er seinen Kunden grundlegende logistische Leistungen an, ergänzt um die Steuerung und Administration von Value Added Services. Beide Aufgabenbereiche sind gleichmäßig verteilt und beinhalten nach Müller-Dauppert unter anderem folgende Dienstleistungen:[24]

Beschaffungskonsolidierung, Distributionskonsolidierung
Auftragsabwicklung, Call Center
Einlagerung, Lagerung, Auslagerung, Kommissionierung
Versandabwicklung, Dokumentenerstellung, Zollabwicklung
Cross Docking
Überseetransportorganisation
Ersatzteilabwicklung
Montage, Sequenzierung
Retourenabwicklung
Gefahrgutabwicklung
Ladungsträger-, Leergut-, Verpackungs- und Behältermanagement
Hängewarenlogistik (Textillogistik)

Tabelle 2: Aufgaben von Lead Logistics Providern, übernommen aus: Müller-Dauppert, B. (2005), S. 14

Gerade im Bereich des B2C E-Commerce findet dieser Ansatz unter dem Schlagwort „One-Stop-Shopping" immer häufiger Anwendung. Zum Einen gibt es eine steigende Anzahl an Shopanbietern, die eine Internetplattform als Portal betreiben und die Wertschöpfungsketten verschiedener Anbieter vertikal integrieren.[25] Auf diese Weise ist es dem Endkunden möglich, mehrere komplementäre Güter an einem zentralen Anlaufpunkt – dem One-Stop-Shop - zu erwerben (Beispiel: Otto). Diese Form des One-Stop-Shoppings dominiert

[22] Vgl.: Klaus, P./ Krieger, W. [2008], S. 308
[23] Vgl.: Beckmann, H. [2004], S. 155
[24] Vgl.: Müller-Dauppert, B. [2005], S. 14
[25] Vgl.: Meier, A./ Stormer, H. [2008], S. 33

gegenwärtig die Diskussion um verschiedene Vertriebskonzepte im B2C E-Commerce. Dadurch gerät jedoch oftmals in Vergessenheit, dass das Prinzip des One-Stop-Shoppings nicht nur wichtige Verbundeffekte im Front End realisieren kann, sondern dass eine äquivalente Übertragung dieses Grundgedankens auf den Markt für Logistikdienstleistungen auch zu einer veränderten Back-End-Logistik führt. One-Stop-Shopping im hier verstandenen Sinne bedeutet, dass der Logistikdienstleister der alleinige Vertragspartner des E-Commerce Unternehmens ist[26], die Auswahl und Steuerung passender Partner koordiniert und dadurch die Komplexität des Logistiksystems inklusive aller operativen und administrativen Tätigkeiten für diesen auf ein Minimum reduziert.

Lead Logistics Provider sind dieser Argumentation folgend also Logistikdienstleister, die unter Verwendung einer leistungsfähigen kommunikations- und informationstechnologischen Infrastruktur eine One-Stop-Shopping Lösung anbieten, oftmals in Form modularer Leistungspakete.

1.5 Fulfillment-Dienstleister

Der Begriff des E-Fulfillments fokussiert auf die Aktivitäten des Back-Ends, die für die Realisierung einer E-Commerce bzw. (E-Procurement) Strategie notwendig sind und umfasst nach der Definition von Professor Wannenwetsch der DBHW Mannheim *„die vollständige Durchführung einer Order von der Bestellung bis zur Auslieferung. Dies fängt bei der Internetbestellung an und geht über die Bezahlung, Lagerung, Transport und Auslieferung bis zum After Sales Service und zur Entsorgung durch einen Logistikdienstleister."*[27] Fulfillment-Dienstleister zeichnen sich dementsprechend dadurch aus, dass sie neben der Übernahme operativer Logistikleistungen wie etwa Lagerung, Kommissionierung und Distribution vermehrt administrative Funktionen innerhalb dieser Prozesskette übernehmen, die nicht der originären Logistik zuzuordnen sind. Die Kundenbetreuung über den Customer Service sowie die Abwicklung des Zahlungsmanagements sind feste Bestandteile ihres Portfolios, die entweder von dem Fulfillment Dienstleister selbst erbracht oder über Drittanbieter bezogen und zu einem ganzheitlichen Leistungspaket gebündelt werden. Eine dieser Definition entsprechende, klare Abgrenzung des Fulfillment-Dienstleisters findet in der Praxis in weitaus geringerem Maße statt. Zahlreiche Logistikdienstleister, die von sich selbst als Fulfillment Anbieter sprechen, bieten über diese Leistungsmodule hinaus noch weitergehende Dienstleistungen wie etwa die Beschaffung, die Abwicklung der gesamten Warenbuchhaltung, die Webshop-Gestaltung und das entsprechende Online-Marketing an

---

[26] Vgl.: Jensen, B [2002], S. 42
[27] Wannenwetsch, H. [2019], S. 320

(*siehe Hermes Fulfillment*), für die von anderen Anbietern wiederum der Begriff des „Full Service Anbieters" gewählt wird (siehe *Arvato oder 004 GmbH*). Obwohl in der Literatur unter Full Service – im Vergleich zum Fulfillment – „*die Auslagerung des gesamten Geschäftsmodells für E-Commerce im Rahmen eines Business Process Outsourcing an einen erfahrenen externen Dienstleister*"[28] verstanden wird, werden diese beiden Begriffe in der Praxis regelmäßig synonym verwendet. Diese Arbeit konzentriert sich vorwiegend auf die Prozesse der originären Logistik im B2C E-Commerce, weshalb eine klare Abgrenzung zwischen Fulfillment und Full Service in diesem Fall weniger von Bedeutung ist und daher der terminologischen Vereinfachung halber nur von Fulfillment-Dienstleistern gesprochen wird. Grundsätzlich sollte aber berücksichtigt werden, dass das Leistungsspektrum des Full Service Providers zumindest der Literatur nach noch über das des Fulfillment-Anbieters hinausgeht.

Zwar gibt es Autoren (Koch 2001), die die durch E-Business resultierenden Veränderungen in der Logistik als Anlass zur Definition eines neuen Segments der 5PL als E-Logistics Provider sehen, doch der Wandel durch Internet und E-Business hat auf alle oben skizzierten Segmente des Marktes für Logistikdienstleistungen Einfluss und ist aus diesem Grund integrativ zu betrachten: Er führt vielmehr zu weiteren Leistungsangeboten insbesondere in der Kontraktlogistik.[29]

Aufbauend auf der vorangegangenen Analyse des Logistikdienstleistermarktes weist das umfangreiche Dienstleistungsangebot des Fulfillment-Dienstleisters immer mehr darauf hin, dass diese sich als Lead Logistics Provider am Markt positionieren.

Zwar gibt es im E-Commerce nach wie vor viele Anbieter, die ihrer Charakteristika entsprechend der Gruppe von 3PL zuzuordnen sind (vor allem im B2B Bereich), diese werden jedoch in steigendem Maße von Lead Logistics Providern koordiniert oder sogar aufgekauft[30] und um Zusatzdienstleistungen, die für das Geschäftsmodell des E-Commerce relevant sind – komplettiert, sodass dem Kunden alle Dienstleistungen aus einer Hand angeboten und von diesem je nach Bedarf auf modularer Basis zusammengestellt werden können.

Inwiefern durch das B2C E-Commerce Geschäft das Aufkommen von 4PLs begünstigt wird und ob diese in Zukunft eine strategisch sinnvolle Alternative zu Lead Logistics Providern und 3PLs darstellt, bleibt abzuwarten. Fest steht allerdings, dass zum heutigen Zeitpunkt noch

---

[28] Czech-Winkelmann, S. [2008], S. 287
[29] Vgl.: Baumgarten, H. et al. [2004], S. 27
[30] *ein Beispiel für die Akquisition eines 3PL Dienstleisters durch einen Lead Logistics Provider ist die PVS Fashion Group, die 2011 die insolvente W. & M. Schenk GmbH übernommen und sich dadurch zu einem führenden Komplettanbieter für die Textilbranche entwickelt hat. Neben der operativen und administrativen Logistik werden darüber hinaus auch Customer Service und Zahlungsmanagement angeboten, die über Partnerunternehmen abgewickelt und bei der PVS zu einem ganzheitlichen Leistungsbündel integriert werden.*

großer Wert auf die eigenen Logistik-Assets der Dienstleister gelegt wird. Zwar wird dadurch die Neutralität des Anbieters bei der Auswahl passender Subdienstleister eingeschränkt, doch die eigenen Assets sind wertvolles Anlagevermögen und erlauben eine bessere Einschätzung der finanziellen Stabilität.

Darüber hinaus gilt es zu berücksichtigen, dass das Segment der Verbunddienstleister, zu denen sowohl Spediteure als auch KEP-Dienstleister zählen, zwar am Markt im Allgemeinen an Bedeutung verlieren, die KEP-Dienstleister im B2C E-Commerce jedoch aufgrund der veränderten Sendungsstrukturen erheblich an Relevanz gewonnen haben. Aufgrund ihrer großflächigen und fast lückenlosen Netzabdeckung im nationalen sowie internationalen Bereich sind KEP-Dienstleister mehr als alle anderen Transportdienstleister oder Spediteure dazu in der Lage, täglich anfallende Kleinstsendungen vieler Online Shop Betreiber zu bündeln und eine schnelle und kostengünstige Auslieferung zu gewährleisten. Obwohl sie versuchen, sich über verschiedenste Zusatzdienste vom Wettbewerb abzugrenzen, ist der Preis allerdings mehr und mehr Bestimmungsfaktor über Erfolg und Misserfolg der Anbieter. Konsequenterweise zeichnet sich eine deutliche Konsolidierung am Markt ab.

Dass der Markt für Logistikdienstleistungen im Ganzen überhaupt eine derartige Veränderung in Verbindung mit einem starken Wachstum von Kontraktlogistikdienstleistern durchlebt, ist die direkte Folge zunehmender Outsourcing-Aktivitäten in der Logistik.

2. Literaturverzeichnis (inklusive weiterführender Literatur)

Adam, Dietrich (1996): Planung und Entscheidung: Modelle – Ziele – Methoden. Mit Fallstudien und Lösungen, 4. Auflage, Gabler Verlag, Wiesbaden

Aguezzoul, Aicha (2009): The third party logistics selection: A review of literature, International Logistics and Supply Chain Congress, Istanbul, Türkei

Aichele, Christian (2006): Intelligentes Projektmanagement, W. Kohlhammer, Stuttgart

Al-Ani, Ayad/ Gattermeyer, Wolfgang (2001): Change Management und Unternehmenserfolg: Grundlagen – Methoden – Praxisbeispiele, 2. Auflage, Gabler Verlag, Wiesbaden

Alter, Roland (2011): Strategisches Controlling: Unterstützung des strategischen Managements, Oldenbourg Wissenschaftsverlag, München

Armutat, Sascha (2007): Management Development: Zukunftssicherung durch kompetenzorientierte Führungskräfteentwicklung, W. Bertelsmann Verlag, Bielefeld

Arnold, Dieter et al. (2004): Handbuch Logistik, 2. Auflage, Springer Verlag, Berlin/ Heidelberg

Axelrod, Warren (2004): Outsourcing Information Security, Artech House, Norwood, Massachusetts, USA

Bächle, Michael/ Lehmann, Frank R. (2010): E-Business: Grundlagen elektronischer Geschäftsprozesse im Web 2.0, Oldenbourg Wissenschaftsverlag, München

Balzert, Helmut (2009): Lehrbuch der Softwaretechnik: Basiskonzepte und Requirements Engineering, 3. Auflage, Spektrum Akademischer Verlag, Heidelberg

Barrar, Peter/Gervais, Roxane (2006): Global Outsourcing Strategies. An International Reference on Effective Outsourcing Relationships, Gower Publishing, Hampshire, England

Barth, Thomas/ Barth, Daniela (2008): Controlling, 2. Auflage, Oldenbourg Wissenschaftsverlag, München

Bayles, Deborah L. (2002): E-Logistics & E-Fullfillment: Beyond the „Buy" button, Bridge Commerce Inc., Curacao

Bauer, Oliver/ Czajka, Sebastian (2009): Online-Shopping liegt im Trend, Statistisches Bundesamt, Wiesbaden https://www.destatis.de/DE/Publikationen/STATmagazin/Informationsgesellschaft/2009_12/2009_12OnlineShopping.html

(Stand: 01.07.2012)

Baumgarten, Helmut, et al. (2004): Supply Chain Steuerung und Services. Logistik-Dienstleister managen globale Netzwerke – Best Practices, Springer Verlag, Berlin/ Heidelberg

Baumgarten, Helmut/ Thoms, Jack (2002): Trends und Strategien in der Logistik: Supply Chains im Wandel, TU Berlin, Berlin

Baumgarten et al. (2002): Logistik-Dienstleister – Quo vadis? Stellenwert der Fourth Logistics Provider (4PL). In: Logistik Management, 4. Jahrgang, Heft 1, S.27-40

Beckmann, Holger (2004): Supply Chain Management. Strategien und Entwicklungstendenzen in Spitzenunternehmen, Springer Verlag, Berlin/ Heidelberg

Bernhard, Martin G. et al. (2003): IT-Outsourcing und Service-Management. Praxisbeispiele – Strategien - Werkzeuge, Symposion Publishing, Düsseldorf

Bhatnagar, Rohit et al. (1999): Third party logistics services: A Singapore perspective, in: International Journal of Physical Distribution and Logistics Management, 29. Jahrgang, Heft 9, S. 569–587

Bittner, Katja (2009): Wertschöpfungsketten im Handel, Europäischer Hochschulverlag, Bremen

Bleisch, Günther et al. (2011): Verpackungstechnische Prozesse, B. Behr´s Verlag, Hamburg

Blom, Frank/ Harlander, Norbert A. (2003): Logistik-Management: Der Aufbau ganzheitlicher Logistikketten in Theorie und Praxis, 2. Auflage, expert Verlag, Renningen

BME (2007): Retourenmanagement als wichtigstes Glied des Supply Chain Managements, Bundesverband Materialwirtschaft, Einkauf und Logistik e.V., Frankfurt am Main
http://www.bme.de/Retourenmanagement-als-wichtiges-Glied-des-Supply-Chain-Managements.2213.0.html

(Stand: 09.07.2012)

Bovensiepen, Gerd (2012) in Humann, Sven (2012): pwc Studie – Einzelhandel wächst online – Verknüpfung von Internet und Filiale bietet Chance, PricewaterhouseCoopers AG, Frankfurt am Main http://www.pwc.de/de/pressemitteilungen/2012/einzelhandel_waechst_online_verknuepfung_von_internet_und_filiale_bietet_chancen.jhtml

(Stand: 01.07.2012)

Boyson, Sandor et al. (1999): Managing effective third party logistics relationships: What does it take?, in: Journal of Business Logistics, 20. Jahrgang, Heft 1, S.73-100

Brem, Christian/ van Baal, Sebastian (2004): Die Stärke liegt im Verborgenen – Die Logistik als zentrale Herausforderung im E-Commerce, Handelsjournal des LPV Media Verlags, Neuwied, Heft 1, S.34-35

Bruhn, Manfred (2010): Marketing, 10. Auflage, Gabler Verlag, Wiesbaden

Bruhn, Manfred/ Homburg, Christian (2008): Handbuch Kundenbindungsmanagement. Strategien und Instrumente für ein erfolgreiches CRM , 6. Auflage, Gabler Verlag, Wiesbaden

Büyünközkan, Gülçin et al. (2008): Selection of the strategic alliance partner in logistics value chain, in: International Journal of Production Economics, 113. Jahrgang, Heft 1, S.148-158

Bundesministerium der Justiz (2005): Gesetz über das Inverkehrbringen, die Rücknahme und die umweltverträgliche Entsorgung von Elektro- und Elektronikgeräten (Elektro- und Elektronikgerätegesetz - ElektroG)

http://www.gesetze-im-internet.de/bundesrecht/elektrog/gesamt.pdf

(Stand: 09.07.2012)

Bundesministerium für Umwelt, Naturschutz und Reaktorsicherheit (2009): VerpackV – Verordnung über die Vermeidung und Verwertung von Verpackungsabfällen, Berlin

Bundesverband des deutschen Versandhandels (2011) in: Fulst, Carl (2011): Marktanalyse – Trend Topic E-Commerce, Axel Springer AG, Berlin

http://www.axelspringer-mediapilot.de/branchenberichte/Einzelhandel-Einzelhandel_703139.html?beitrag_id=459953

(Stand: 01.07.2012)

Busch, Axel/ Dangelmaier, Wilhelm (2004): Integriertes Supply Chain Management: Theorie und Praxis effektiver unternehmensübergreifender Geschäftsprozesse, 2. Auflage, Gabler Verlag, Wiesbaden

Buttkus, Michael/ Neugebauer, Alfrid (2012): Controlling im Handel: Innovative Ansätze und Praxisbeispiele, Gabler Verlag, Wiesbaden

Calisan, Baris (2009): Anbieterinitiiertes Outsourcing. Ein marktorientiertes Management-Konzept für strategische Unternehmenspartnerschaften, dargestellt am Beispiel der deutschen und türkischen Textil- und Bekleidungsindustrie, Band 123, Reihe: Planung, Organisation und Unternehmensführung, JOSEPF EUL Verlag, Lohmar, Köln

Chaffey, Dave et al. (2009): Internet Marketing: Strategy, Implementation and Practice, 4. Auflage, Pearson Education Limited, Essex, England

Colson, Gérald/ Dorigo, Fabrice (2004): A public warehouse selection support system, in: European Journal of Operational Research, 153. Jahrgang, Heft 2, S. 332-349

ComCult Research GmbH mit Unterstützung der Kaufhof Warenhaus AG und Gemini Medien (2003): Internet-Studie Versandkosten im Online-Shopping, ComCult Research GmbH, Berlin

Czech-Winkelmann, Susanne (2008): Handbuch International Business. Strategie, Praxis, Fallbeispiele, Erich Schmidt Verlag, Berlin

Dahms, Max/ Sievers, Rüdiger (2003): Rolle und Aufgaben von Logistikdienstleistern in unternehmensübergreifenden Versorgungsnetzwerken, GRIN Verlag, München

Dapiran, Peter et al. (1996): Third party logistics services usage by large Australian firms, in: International Journal of Physical Distribution and Logistics Management, 26. Jahrgang, Heft 10, S.36-45

Deiss, Richard (2002): Statistik kurz gefasst - E-Commerce in Europa, Statistisches Bundesamt Deutschland, Berlin

Deutscher Industrie- und Handelskammertag in Zusammenarbeit mit Trusted Shops (2010): Umfrage zur Praxis des Widerrufs im Fernabsatz bei Warenlieferungsverträgen, Trusted Shops GmbH, Köln
http://www.trustedshops.de/shop-info/wp-content/uploads/2010/08/umfrage_widerrufsrecht.pdf
(Stand: 09.07.2012)

Deutsche Post DHL (2012): Einkaufen 4.0 – Der Einfluss von E-Commerce auf Lebensqualität und Einkaufsverhalten, Deutsche Post AG, Bonn

Deutsches Institut für Normung (2009): DIN 69 901: Definitionen Projekte und Projektmanagement, Deutsches Institut für Normung e.V., Berlin

DIBS E-Commerce Survey 2010 (2011): A comprehensive study of European e-commerce – a growth opportunity for merchants, DIPS Payment Services, Kopenhagen, Dänemark

Diedrichs, Antje (2007): Der Einsatz von Konktraktlogistikdienstleistern in Supply Chains von Industrie- und Handelsunternehmen. Beweggründe, Strategien, Aufgabenbereiche, GRIN Verlag, Bremen

Diehm, Sven (2003): Erfolgspotenzialbasierte Unternehmensbewertung durch Marktvergleich, Tectum Verlag, Marburg

Döpfer, Benedict C. (2008): Outsourcing von Geschäftsprozessen: Effizienz versus Innovation?, IGEL Verlag, Hamburg

Düker, Thomas (2012): Potenziale und Grenzen des E-Business bei komplexen Produkten im B2B-Bereich, Diplomica Verlag, Hamburg

ECC Handel (2012): Pressemittleilung ECC-Konjunkturindex: Online-Händler sind bei der Wahl der Zustellung wenig flexibel, Institut für Handelsforschung, Köln
http://www.ifhkoeln.de/News-Presse/Downloads/ECC-Konjunkturindex/120306-PMOnline-HndlerbeiderWahlderZustellungwenigflexibel.pdf
(Stand: 09.07.2012)

Eckstein, Aline et al. (2012): Erfolgsfaktoren im E-Commerce – Deutschlands Top Online Shops, E-Commerce-Center Handel (ECC Handel) c/o IfH Institut für Handelsforschung GmbH, Köln, Reihe „Ausgewählte Studien des ECC Handel", Band 27

Efendigil, Tuğba u.a. (2008): A holistic approach for selecting a third-party reverse logistics provider in the presence of vagueness, in: Computers & Industrial Engineering, 54. Jahrgang, Heft 2, S. 269-287

Emmett, Stuart (2005): Excellence in Warehouse Management. How to minimize costs and maximize value, John Wiley & Sons, West Sussex, England

Ensthaler, Jürgen et al. (1997): Juristische Aspekte des Qualitätsmanagements, Springer Verlag, Berlin/ Heidelberg

Erbacher, Christian E. (2010): Grundzüge der Verhandlungsführung, 3. Auflage, vdf Hochschulverlag, Zürich, Schweiz

Eschlbeck, Daniela (2009): Die Auswirkungen von Outsourcing im IT-Bereich auf unternehmerische und räumliche Strukturen , Herbert Utz Verlag, München

Faulstich, Werner (2004): Grundwissen Medien, 5. Auflage, Wilhelm Fink Verlag, München

Fischer, Guido/ Wunderer, Wolf (1979): Humane Personal- und Organisationsentwicklung, Duncker & Humblot, Berlin

Fisher, Roger et al. (2009): Das Harvard-Konzept: Der Klassiker der Verhandlungstechnik, Verlag Houghton Mifflin & Co., Boston, Massachusetts, USA

Fittkau & Maaß Consulting (2007): Ergebnisse der 24. WWW-Benutzer-Analyse W3B – Second Life – die aktiven Nutzer, in: Webseite von Fittkau & Maaß Consulting GmbH
http://www.w3b.org/ergebnisse/w3b24/
(Stand: 11.07.2012)

Forrester Consulting i. A. von Bazaarvoice und Richrelevance (2011) in: Internet World Business (2011): Kaufanreiz Kundenurteil, Neue Mediengesellschaft Ulm mbH, München
http://www.internetworld.de/content/download/77481/1514912/file/IWB_0411_gesamt_low.p df
(Stand: 31.07.2012)

Frank, Sergey (2010): Weltspitze – Erfolgs-Know-How für internationale Geschäfte, Haufe-Lexware Verlag, Heidelberg

Friederici, Ingolf (2003): Dynamische Qualitätssteigerung durch umfassendes Management von Störfällen, Projekten und Maßnahmen – Unter Berücksichtigung der Normreihe ISO 9000: 2000 – 12, expert Verlag, Renningen

Frohn, Jan (2006): Mehrwertleistungen in der Kontraktlogistik, Shaker Verlag, Aaachen

Führer, Andreas/ Züger, Rita-Maria (2010): Projektmanagement – Management-Basiskompetenz, 3. Auflage, Compendio Bildungsmedien, Zürich, Schweiz

Gassmann, Oliver/ Bader, Martin A. (2011): Patentmanagement – Innovationen erfolgreich nutzen und schützen, 3. Auflage, Springer Verlag, Berlin/ Heidelberg

Geunes, Joseph et al.. (2005): Applications of Supply Chain Management and E-Commerce research, Springer Science & Business Media, New York, USA

Gienke, Helmut/ Kämpf, Rainer (2007): Handbuch Produktion – Innovatives Produktionsmanagement: Organisation, Konzepte, Controlling, Carl Hanser Verlag, München

Girmscheid, Gerhard (2010): Angebots- und Ausführungsmanagement – Leitfaden für Bauunternehmen, 2. Auflage, Springer Verlag, Berlin/ Heidelberg

Gotsch, Matthias (2011): Innovationsaktivitäten wissensintensiver Dienstleistungen: Die Markenanmeldung als Indikator, Gabler Verlag, Wiesbaden

Gronau, Norbert (2004): Enterprise Resource Planning und Supply Chain Management: Architektur und Funktionen, Oldenbourg Wissenschaftsverlag, München

Große, Diana (2009): Innovations- und Projektmanagement: Ein Lehrbuch, Verlag Peter Lang, Frankfurt am Main

Großmann, G./ Kaßmann, M. (2007): Transportsichere Verpackung und Ladungssicherung, 2. Auflage, expert Verlag, Renningen

Gudehus, Timm (2007): Logistik 1: Grundlagen, Verfahren und Strategien, 3. Auflage, Springer Verlag, Heidelberg

Gudehus, Timm (2007): Logistik 2: Netzwerke, Systeme und Lieferketten, 3. Auflage, Springer Verlag, Berlin/ Heidelberg

Gudehus, Timm/ Kotzab, Herbert (2012): Comprehensive Logistics, 2. Auflage, Springer Verlag, Berlin/ Heidelberg

Günther, Hans-Otto/ Tempelmeier, Horst (2005): Produktion und Logistik, 6. Auflage, Springer Verlag, Berlin/ Heidelberg

Handrich, Wolfgang (2002): Flexible, flurfreie Materialflusstechnik für dynamische Produktionsstrukturen, Herbert Utz Verlag, München

Haubrock, Alexander/ Öhlschlegel-Haubrock, Sonja (2009): Personalmanagement, 2. Auflage, W. Kohlhammer, Stuttgart

Heiserich, Otto-Ernst et al. (2011): Logistik: Eine praxisorientierte Einführung, 4. Auflage, Gabler Verlag, Berlin/ Heidelberg

Hermanns, Arnold/ Sauter, Michael (1999): Management-Handbuch Electronic Commerce: Grundlagen, Strategien, Praxisbeispiele, Vahlen Verlag, München

Hermes, Hans Joseph/Schwarz, Gerd (2005): Outsourcing: Chancen und Risiken, Erfolgsfaktoren, rechtssichere Umsetzung, Rudolf Haufe Verlag, München

Hertel, Joachim et al. (2011): Supply-Chain-Management und Warenwirtschaftssysteme im Handel, 2. Auflage, Springer Verlag, Heidelberg

Heß, Gerhard (2008): Supply-Strategien in Einkauf und Beschaffung: Systematischer Ansatz und Praxisfälle, Gabler Verlag, Wiesbaden

Hodel, Marcus et al. (2004): Outsourcing realisieren: Vorgehen für IT und Geschäftsprozesse zur nachhaltigen Steigerung des Unternehmenserfolgs, Vieweg & Sohn Verlag, Wiesbaden

Hoffmann, Ralf (2012): Miebach-Studie: „Buy" setzt sich trotz Insourcing durch, Miebach Consulting GmbH, Frankfurt am Main

http://www.miebach.com/de/news/?news=119cb5e9d33aedd792ce3c8037d645d0

(Stand: 10.07.2012)

Huang, Diana/ Kadar, Mark (2002): Third Party Logistics in China: Still a Tough Market, in: Mercer on Travel and Transport, Mercer Management Consulting, New York, USA

Hygiene und HACCP (2005): Wareneingangskontrollen: Anforderungen an Wareneingangskontrollen, B. Behr´s Verlag, Hamburg

http://haccp-aktuell.de/upload/doks/Wareneingangskontrolle.pdf

(Stand: 08.07.2012)

Initiative D21 (2012): (N)Onliner Atlas 2012: 76 Prozent der Deutschen sind online, Initiative D21 e.V., Berlin

http://www.initiatived21.de/presseinformationen/nonliner-atlas-2012-76-prozent-der-deutschen-sind-online

(Stand: 04.08.2012)

Jaspers, Wolfgang/ Fischer, Gerrit (2011): Entscheidungsstrategien in der BWL: Case Studies für Studium und Praxis, Oldenbourg Wissenschaftsverlag, München

Jauernig, Christian et al. (2005): Überlebensstrategien für mittelständische Transport- und Logistikdienstleister, Verlag Heinrich Vogel, München

Jensen, Björn (2002): Fulfillment deutscher Online-Shops. Empirische Analyse von Anforderungen und Potenzialen, Edition E-Business und Logistik, Books on Demand, Berlin

Kämpf, Rainer (2006): Kriterien der Lieferantenbewertung, EBZ Beratungszentrum GmbH, Stuttgart

http://www.ebz-beratungszentrum.de/logistikseiten/artikel/liekrit.html

(Stand: 09.07.2012)

Kallweit, Angela/ Fortmann, Klaus-Michael (2007): Logistik, 2. Auflage, W. Kohlhammer, Stuttgart

Kamiske, Gerd F./ Brauer, Jörg-Peter (2008): Qualitätsmanagement von A bis Z, 6. Auflage, Carl Hanser Verlag, München

Kieser, Alfred/ Ebers, Mark (2006): Organisationstheorien, 6. Auflage, Kohlhammer Verlag, Stuttgart

Klaus, Peter/ Krieger, Winfried (2008): Gabler Lexikon Logistik, 4. Auflage, GWV Fachverlage, Wiesbaden

Kleine, Barry (2009): Was ist Zuverlässigkeit? Das Paradigma der Zuverlässigkeit im Wandel, ABB Process Automation, South Asia Service, Rotura, Neuseeland
http://library.abb.com/global/scot/scot271.nsf/veritydisplay/af460e194f24fe8dc125759300514 948/$File/34-37%201M947_GER72dpi.pdf
(Stand: 10.07.2012)

Klose, Armin (2010): Anteil der Unternehmen mit Online-Verkäufen verdoppelt sich, Statistisches Bundesamt, Wiesbaden
https://www.destatis.de/DE/PresseService/Presse/Pressemitteilungen/2010/11/PD10_399_529 11.html
(Stand: 01.07.2012)

Klug, Florian (2010): Logistikmanagement in der Automobilindustrie: Grundlagen der Logistik im Automobilbau, Springer Verlag, Berlin/ Heidelberg

Koch, Jan (2010): Qualitätsmanagement in Logistikunternehmen: Eine empirische Untersuchung, Band 3, Reihe: Supply Chain, Logistics and Operations Management, JOSEPH EUL Verlag, Lohmar/ Köln

Köhler-Frost, Wilfried/ Bergweiler, Uwe (2005): Outsourcing: Schlüsselfaktoren der Kundenzufriedenheit, 5. Auflage, Erich Schmidt Verlag, Berlin

Koether, Reinhard (2012): Distributionslogistik: Effiziente Absicherung der Lieferfähigkeit, Gabler Verlag, Wisbaden

Kopsidis, Rallis M. (1997): Materialwirtschaft: Grundlagen, Methoden, Techniken, Politik, 3. Auflage, Carl Hanser Verlag, München/ Wien

Krause, Eric (2008): Methode für das Outsourcing in der Informationstechnologie von Retail Banken, Logos Verlag, Berlin

Krumbach-Mollenhauer, Peter/ Lehment, Thomas (2010): Führen mit Psychologie: Menschen effizient und erfolgreich führen, WILEY-VCH Verlag, Weinheim

Kühn, Wolfgang/Grell, Martin (2004): JDF – Prozessintegration, Technologie, Produktdarstellung, Springer Verlag, Berlin/ Heidelberg

Kühnberger, Manfred (2007): IFRS-Leitfaden Mittelstand: Grundlagen, Einführung und Anwendung der Internationalen Rechnungslegung, Erich Schmidt Verlag, Berlin

Kuhn, Axel/ Hellingrath, Bernd (2002): Supply Chain Management. Optimierte Zusammenarbeit in der Wertschöpfungskette, Springer Verlag, Berlin/ Heidelberg

Kunschert, Martin (2009): Der Kundenwert im Industriegütermarketing, Kölner Wissenschaftsverlag, Köln

Lange, Volker (2007): Aktuelle Logistikentwicklungen und Anforderungen an den Online-Handel, Fraunhofer Institut für Materialfluss und Logistik, München
http://www.logistik-heute.de/sites/default/files/logistik-heute/fachforen/02_lange.pdf
(Stand: 11.07.2012)

Langley, John C. et al. (2005): 2005 Third Party Logistics: Results and findings of the 10th Annual Study, Capgemini Deutschland Holding GmbH, Deutschland

Laudon, Kenneth C. et al. (2010): Wirtschaftsinformatik – eine Einführung, 2. Auflage, Pearson Education Deutschland GmbH, München

Leahy, Steven E. et al. (1995): Determinants of Successful Logistical Relationships: A Third-Party Provider Perspective, in: Transportation Journal, 35. Jahrgang, Heft 22, S.5-13

Lieb, Robert C. et al. (1993): Third Party Logistics Services: A Comparison of Experienced American and European Manufacturers, in: International Journal of Physical Distribution and Logistics Management, 23. Jahrgang, Heft 6, S.35-44

Liu, Hao-Tien/Wang, Wei-Kai (2009): An integrated fuzzy approach for provider evaluation and selection in third-party logistics, in: Expert Systems with Applications, 36. Jahrgang, Heft 3, S. 4387-4398

Lucks, Kai/ Meckl, Reinhard (2002): Internationale Mergers & Acquisitions. Der Prozessorientierte Ansatz, Springer Verlag Berlin/ Heidelberg

Lücke, Michael (2012): Logistik-Outsourcing – Angebotserstellung, Fraunhofer-Institut für Materialfluss und Logistik IML, Dortmund
http://www.iml.fraunhofer.de/de/themengebiete/unternehmensplanung/logistik_outsourcing/logistik_outsourcing_angebot.html
(Stand: 10.07.2012)

Lynch, Richard/ Cross, Kelvin F. (1995): Measure Up! Yardsticks for Continuous Improvement, 2. Auflage, Blackwell Publishers, Malden Massachusetts, USA

Mathar, Hans-Joachim/ Scheuring, Johannes (2009): Unternehmenslogistik: Grundlagen für die betriebliche Praxis mit zahlreichen Beispielen, Repititionsfragen und Antworten, Compendio Bildungsmedien, Zürich, Schweiz

Mathar, Hans-Joachim/ Scheuring, Johannes (2011): Logistik für technische Kaufleute und HDW, 2. Auflage, Compendium Bildungsmedien, Zürich, Schweiz

Mau, Markus (2003): Supply Chain Management: Prozessoptimierung entlang der Wertschöpfungskette, WILEY-VCH Verlag, Weinheim

McIvor, Ronan (2002): The Outsourcing Process: Strategies for Evaluation and Management, Cambridge University Press, Cambridge, Vereinigtes Königreich

Meade, Laura/ Sarkis, Joseph (2002): A conceptual model for selecting and evaluating third-party reverse logistics providers, in: Supply Chain Management: An International Journal, 7. Jahrgang, 5. Heft, S.283-295

Meckl, Reinhard (1999): Personalarbeit und Outsourcing, Datakontext Verlag, Frechen

Meier, Andreas/ Stormer, Henrik (2008): eBusiness & eCommerce : Management der digitalen Wertschöpfungskette, 2. Auflage, Springer Verlag, Berlin/Heidelberg

Menon, Mohan K. et al. (1998): Selection criteria for providers of third-party logistics services: An exploratory study, in: Journal of Business Logistics, 19. Jahrgang, Heft 1, S.121-137

Möller, Klaus (2006): Wertschöpfung in Netzwerken, Verlag Franz Vahlen, München

Möller, Thor/ Dörrenberg, Florian (2003): Projektmanagement, Oldenbourg Wissenschaftsverlag, München

Moberg, Christopher R./ Speh, Thomas (2004): Third-Party Warehousing Selection: A Comparison of National and Regional Firms, in: Mid-American Journal of Business, 19. Jahrgang, Heft 2, S.71-76

Momme, Jesper/ Hvolby, Hans-Henrik (2002): An outsourcing framework: action research in the heavy industry sector, in: Journal of Purchasing & Supply Management, Jahrgang 8, Heft 4

Müller-Dauppert, Bernd (2005): Logistik-Outsourcing. Ausschreibung, Vergabe, Controlling, Verlag Heinrich Vogel, München

Müller-Dauppert, Bernd/ Stoll, Martin (2006): Mit Ausschreibungen gewinnen, Verlag Heinrich Vogel, München

Nettesheim, Christoph et al. (2003): Business Process Outsourcing – aber richtig!, in: Information Management & Consulting, 18. Jahrgang, Heft 3, S.24-30

Neumann, Bruce R. et al. (2004): Cost Management Using ABC for IT Activities and Services, Management Accounting Quarterly, 6. Jahrgang, Heft 1, S. 29 - 40

Nollau, Hans-Georg/Neumeier, Matthias (2010): Logistikfallstudien und Risikomanagement, Band 15, Reihe: Economy and Labour, JOSEF EUL Verlag, Lohmar/ Köln

Opuchlik, Adam (2005): E-Commerce-Strategie: Entwicklung und Einführung, Books on Demand GmbH, Norderstedt

Palfrey, John/ Gasser, Urs (2008): Born digital: Understanding the first generation of Digital Natives, Basic Books, New York, USA

Paul, Stephan/ Stein, Stefan (2002): Rating, Basel II und die Unternehmensfinanzierung, Bank-Verlag Köln, Köln

Peters, Malte L./ Zelewski, Stephan (2002): Analytical Hierarchy Process (AHP) – dargestellt am Beispiel der Auswahl von Projektmanagement-Software zum Multiprojektmanagement, Institut für Produktion und Industrielles Informationsmanagement, Universität Essen

Peters, Paul (2011): Reputationsmanagement im Social Web: Risiken und Chancen von Social Media Unternehmen, Reputation und Kommunikation, Social Media Verlag, Köln

Pfeifer, Tilo (2001): Qualitätsmanagement: Strategien, Methoden, Techniken, 3. Auflage, Carl Hanser Verlag, München/ Wien

Pfohl, Hans-Christian (1992): Unternehmensführung und Logistik – Total Quality Management in der Logistik, Erich Schmidt Verlag, Berlin

Pfohl, Hans-Christian (2010): Logistiksysteme: Betriebswirtschaftliche Grundlagen, 8. Auflage, Springer Verlag, Berlin/ Heidelberg

Picot, Arnold (1991): Ein neuer Ansatz zur Gestaltung der Leistungstiefe, in: Zeitschrift für betriebswirtschaftliche Forschung, 43. Jahrgang, Heft 4, S. 336-357

Pierre Audoin Consultants im Auftrag der Comach Software und Beratung AG (2011): Herausforderungen an die IT im Online-Handel: Anforderungen an Warenwirtschaftssysteme, Comarch AG, Dresden

Pietsch, Thomas/ Lang, Corinna V. (2007): Ressourcenmanagement. Umsetzung, Effizienz und Nachhaltigkeit mit IT, Erich Schmidt Verlag, Berlin

Pillkahn, Ulf (2012): Innovationen zwischen Planung und Zufall: Bausteine einer Theorie der bewussten Irritation, Books on Demand, Norderstedt

Possekel, Marc (2008): Ausschreibungen in der Logistik: Planung, Praxis, Potenziale, Verlag Heinrich Vogel, München

Preuß, Thomas (2012): Zehn ungelernte Kommissionierer sind oft billiger als ein neues Anlagenlayout, Konradin Verlag R. Kohlhammer, Leinfelden-Echterdingen

PROTRANS (2002): Role of third party logistics service providers and their impact on transport, deliverable Nr. 6, Buck Consultants International
http://www.transport-research.info/Upload/Documents/200607/20060727_154949_55762_PROTRANS_final_repo rt.pdf
(Stand:03.07.2012)

Pütz, Heinz C. (2005): Checklisten Forderungsmanagement, Verlagsgruppe Hüthig Jehle Rehm, Heidelberg

Qureshi, M. N./Kumar, Pradeep (2008): An integrated model to identify and classify the key criteria and their role in the assessment of 3PL services providers, in: Asia Pacific Journal of Marketing and Logistics, 20. Jahrgang, Heft 2, S. 227-249

Rahn, Klaus-Peter (2002): E-Commerce B2C und Logistikstrukturen. Erste Umsetzung logistischer Schlüsselkomponenten zur Realisierung des physischen Warenstroms, Publikation des Instituts für Fördertechnik und Logistik der Universität Stuttgart, Stuttgart

Reichert, Till (2005): Outsourcing interner Dienste: Agenturtheoretische Analyse am Beispiel von Personalleistungen, Deutscher Universitätsverlag, Wiesbaden

Robben, Matthias (2001): Retouren: Keinesfalls ein Rückschritt, ECIN Magazin, Essen
http://www.ecin.de/shops/online-retouren/
(Stand: 09.07.2012)

Roberts, K. (1994): Choosing a quality contractor, in: Kannan, Govindan u.a. (2011): Selection of third-party reverse logistics provider using fuzzy extent analysis, in: Benchmarking: An International Journal, Jahrgang 18, Heft 1, S.149-167

Rommelfanger, Heinrich J./ Eickemeier, Susanne H. (2002): Entscheidungstheorie: Klassische Konzepte und Fuzzy-Erweiterungen, Springer Verlag, Berlin/ Heidelberg

Rüter, Andreas et al. (2010): IT-Governance in der Praxis, 2. Auflage, Springer Verlag, Berlin/ Heidelberg

Schels, Ignatz (2008): Projektmanagement mit Excel 2007, Addison-Wesley Verlag, München

Schiek, Arno (2008): Internationale Logistik. Objekte, Prozesse und Infrastrukturen grenzüberschreitender Güterströme, Oldenbourg Wissenschaftsverlag, München

Schirmbacher, Martin (2011): Online-Marketing und Recht, Hüthig Jehle Rehm, Heidelberg

Schöneberg, Ulrich (2010): Prozessexzellenz im HR-Management: Professionelle Prozesse mit dem HR-Management Maturity Model, Springer Verlag, Berlin/ Heidelberg

Schreyer, Maximilian (2007): Entwicklung und Implementierung von Performance Measurement Systemen, Deutscher Universitätsverlag, Wiesbaden

Schulte, Gerd (2001): Material- und Logistikmanagement, 2. Auflage, Oldenbourg Wissenschaftsverlag, München

Seemüller, Stefan (2006): Durchsatzberechnung automatischer Kleinteilelager im Umfeld des elektronischen Handels, Herbert Utz Verlag, München

Siek, Marus (2012): Logistik-Special: Retourenmanagement, in: webselling, DATA Zeitschriften Verlag, Düsseldorf, 8. Jahrgang, Heft 2, S.42-44

Smerling, Frank-Bodo (2008): Der Einfluss von E-Commerce auf die aktuelle und zukünftige Entwicklung des zentralörtlichen Systems im ländlichen Raum, Kassel University Press, Kassel

Söbbing, Thomas (2010): IT/IP-Rechte im Unternehmenskauf: Leitfaden für Information Technology & Software Transfer bei Merger & Acquisitions, Diplomica Verlag, Hamburg

Soh, SoonHu (2009): A decision model for evaluating third-party logistics providers using fuzzy analytic hierarchy process, Wonkwang University, Südkorea
http://www.academicjournals.org/Ajbm/PDF/pdf2010/Mar/Soh.pdf
(Stand: 09.07.2012)

Sommerlad, Klaus W. (1993): Vertragsgestaltung beim Outsourcing in der Informationsverarbeitung, in: Köhler-Frost, Wilfried (2000): Outsourcing: Eine strategische Allianz besonderen Typs, 4. Auflage, Erich Schmidt Verlag, Berlin S. 281-300

Sople, Vinod V. (2007): Logistics Management. The Supply Chain Integrative, Dorling Kindersley, Delhi, India

Spencer, Michael S. et al. (1994): JIT Systems and External Logistics Suppliers, in: International Journal of Operations & Production Management, 14. Jahrgang, Heft 6, S. 60-74

Stähler, Patrick (2001): Geschäftsmodelle in der digitalen Ökonomie, Reihe: Electronic Commerce, Band 7, JOSEPH EUL Verlag, Lohmar/ Köln

Stahl, Ernst et al. (2009): E-Commerce-Leitfaden: Erfolgreicher im elektronischen Handel, 2. Auflage, ibi research Universitätsverlag Regensburg, Regensburg

Statista & EHI Retail Institute (2011): E-Commerce-Markt 2011, EHI Retail Institute GmbH, Köln

http://www.ehi.org/geschaeftsbereiche/forschung/e-commerce/marktstudie.html
(Stand: 27.07.2012)

Staudt, Erwin (2001) in: Bächle, Michael/ Lehmann, Frank R. (2010): E-Business – Grundlagen elektronischer Geschäftsprozesse im Web 2.0, Oldenbourg Verlag GmbH, München

Sterzel, Jeannine (2010): Bewertungs- und Entscheidungsrelevanz der Humankapitalberichterstattung, Gabler Verlag, Wiesbaden

Stetter, Alfred (2012): Expertenbefragung, Stetter Consulting Logistics & Organisation, Augsburg

Steven, Marion (2007): Handbuch Produktion. Theorie – Management – Logistik – Controlling, W. Kohlhammer, Stuttgart

Stölzle, Wolfgang et al. (2007): Handbuch Kontraktlogistik – Management komplexer Logistikleistungen, Wiley-VCH Verlag, Weinheim

Stolle, Ralf/ Herrmann, Michael (2006): Angebotsmanagement professionell: Erfolgreich vom Angebot bis zum Vertragsabschluss, Erich Schmidt Verlag, Berlin

Straube, Frank (2004): e-Logistik. Ganzheitliches Logistikmanagement, Springer Verlag, Berlin/ Heidelberg

Strauss, Sarah C. (2011): Neukundengewinnung und Kundenbindung im Internethandel unter Berücksichtigung rechtlicher Aspekte: Potenziale, Maßnahmen und Gefahren, Diplomica Verlag, Hamburg

Sure, Matthias (2011): Moderne Controlling-Instrumente : Bewährte Konzepte für das operative und strategische Controlling, Verlag Vahlen, München

Tamm, Gerrit/ Günther, Oliver (2005): Webbasierte Dienste: Technologien, Märkte und Geschäftsmodelle, Physica-Verlag, Heidelberg

Ten Hompel, Michael/ Schmidt, Thorsten (2005): Warehouse Management: Automatisierung und Organisation von Lager- und Kommissioniersystemen, 2. Auflage, Springer Verlag, Berlin/ Heidelberg

Tho, Ian (2005): Managing the risks of IT Outsourcing, Elsevier Butterworth-Heinemann, Burlington, Massachusetts, USA

Thurner, Benjamin (2010): Outosurcing von Logistikprozessen: Eine kritische Analyse bestehender Konzepte und ihrer praktischen Relevanz, GRIN Verlag, Noderstedt

Töpfer, Armin (2007): Betriebswirtschaftslehre: Anwendungs- und prozessorientierte Grundlagen, 2. Auflage, Springer Verlag, Berlin/ Heidelberg

Ullmann, Werner (2002): Technische Systeme der Logistik, TFH Berlin, Berlin

Vagadia, Bharat (2012): Strategic Outsourcing. The Alchemy to Business Transformation in a Globally Converged World, Springer Verlag, Berlin/ Heidelberg

Vahrenkamp, Richard (2005): Logistik. Management und Strategien, 5. Auflage, Oldenbourg Wissenschaftsverlag, München

VDI Richtlinie: VDI Handbuch technische Logistik Band 8 (2006): Methoden zur materialflußgerechten Zuordnung von Betriebsbereichen und –mitteln, Verein deutscher Ingenieure, Düsseldorf

von Jouanne-Diedrich, Holger (2004): 15 Jahre Outsourcing-Forschung: Systematisierung und Lessons Learned, in: Zarnekow, Rüdiger et al. (2004): Informationsmanagement: Konzepte und Strategien für die Praxis, Dpunkt Verlag, Heidelberg, S. 125-133

Voß, Oliver (2009): Die sieben größten Fehler in Verhandlungen, Wirtschaftswoche Online der Verlagsgruppe Handelsblatt, Düsseldorf
http://www.wiwo.de/erfolg/trends/ratgeber-die-sieben-groessten-fehler-in-verhandlungen/5574408.html

(Stand: 10.07.2012)

Wannenwetsch, Helmut (2005): Vernetztes Supply Chain Management. SCM-Integration über die gesamte Wertschöpfungskette, Springer Verlag, Berlin/ Heidelberg

Wannenwetsch, Helmut (2010): Integrierte Materialwirtschaft und Logistik, 4. Auflage, Springer Verlag, Berlin/ Heidelberg

Weber, Rainer (2009): Zeitgemäße Materialwirtschaft mit Lagerhaltung: Flexibilität, Lieferbereitschaft, Bestandsreduzierung, Kostensenkung – Das deutsche Kanban, 9. Auflage, expert Verlag, Renningen

Weber, Jürgen (1995): Logistik-Controlling. Leistungen, Prozeßkosten, Kennzahlen, Schäffer-Poeschel Verlag, Stuttgart

Weber, Jürgen/ Engelbrecht, Christoph (2002): Outsourcing - In fremden Händen, in: Logistik Heute, 24. Jahrgang, Heft 9, S.38-39

Weber, J. et al. (2012): Logistik-Controlling mit Kennzahlensystemen, Kühne-Institut für Logistikmanagement in Zusammenarbeit mit dem Institut für Management und Controlling der WHU, im Auftrag der Bundesvereinigung Logistik, Bremen

Williams, Martin (2005): An Invitation to Tender checklist, The Chartered Institute of Logistics and Transport (UK), Northamptonshire, England

Wilkens, Frederik (2011): Analysemethoden zur Beurteilung von Unternehmenskunden im Rahmen der Fremdfinanzierung am Kapitalmarkt, GRIN Verlag, München

Wisser, Jens (2011): Der Prozess Lagern und Kommissionieren im Rahmen des Distribution Center Reference Model (DCRM), Universitätsverlag Karlsruhe, Karlsruge

Wolf, Rainer-Johannes (2010): Risikoorientiertes Netzwerkcontrolling: Bestimmung der Risikoposition von Unternehmensnetzwerken und Anpassung kooperationsspezifischer Controllinginstrumente an die Anforderungen des Risikomanagements, JOSEF EUL Verlag, Lohmar/ Köln

Young, Scott T. (2010): Essentials of Operations Management, Sage Publications, Thousand Oaks, California, USA

Zadek, H. (2001): Strategische Neuausrichtung von Logistikdienstleistern – Steuerung globaler Produktions- und Distributionsnetzwerke, in: Industrie Management, 17. Jahrgang, Heft 5, Berlin, S.28-31

Zahn, Erich et al. (2007 a): Leitfaden zum Outsourcing von Dienstleistungen: Informationen für die Praxis, Betriebswirtschaftlichen Institut der Universität Stuttgart i.A. von der Industrie- und Handelskammer Baden-Württemberg, Stuttgart

Zahn; Erich u.a. (2007 b): Outsourcing von Dienstleistungen: Ergebnisse einer Unternehmensbefragung der Industrie- und Handelskammern in Baden-Württemberg, Betriebswirtschaftlichen Institut der Universität Stuttgart i.A. von der Industrie- und Handelskammer Baden-Württemberg, Stuttgart

Zarnekow, Rüdiger (2004): Informationsmanagement: Konzepte und Strategien für die Praxis, dpunkt Verlag, Heidelberg

Zibell, Ralf (2011): Gefahren in der Distributionslogistik – Eine Risikoanalyse -, Gesamtverband der deutschen Versicherungswirtschaft e.V., Berlin
http://www.tis-gdv.de/tis/tagungen/svt/svt01/zibell1/zibell1.htm#11
(Stand: 08.07.2012)

Zilkens, Stephan (2008): Risikomanagement bei Ausschreibungen, in: *Possekel, Marc (2008):* Ausschreibungen in der Logistik: Planung, Praxis, Potenziale, Verlag Heinrich Vogel, München

Zimmer, Torsten (2011): Prozessintegration mit SAP NetWeaver PI 7.1, Vieweg+Teubner Verlag, Wiesbaden